Los pies

Escrito por Dana Meachen Rau

Ilustrado por Rick Stromoski

Children's Press®
Una división de Grolier Publishing
Nueva York • Londres • Hong Kong • Sydney
Danbury, Connecticut

Para Charlie
—D.M.R.

Para Jaqie y Molly Stromoski
—R.S.

Especialistas de la lectura
Linda Cornwell
Coordinadora de Calidad Educativa y Desarrollo Profesional
(Asociación de Profesores del Estado de Indiana)

Katharine A. Kane
Especialista de la educación
(Jubilada de la Oficina de Educación del Condado de San Diego, California,
y de la Universidad Estatal de San Diego)

Visite a Children's Press® en el Internet a:
http://publishing.grolier.com

Información de Publicación de la Biblioteca del Congreso de los EE.UU.
Rau, Dana Meachen.
Los pies / escrito por Dana Meachen Rau; ilustrado por Rick Stromoski.
p. cm. — (Rookie español)
Resumen: El texto breve describe a los niños que utilizan los pies para hacer una variedad de cosas, que incluyen patear la pelota de fútbol y patinar.
ISBN 0-516-22020-9 (lib. bdg.)   0-516-27008-7(pbk.)
[1. Pies: ficción. 2. Campamento: ficción. 3. Libros en español.]
I. Stromoski, Rick, il. II. Título. III. Serie.
PZ73.R285 2000
[E]—dc21   99-16310
                                                              CIP

GROLIER
PUBLISHING

Los pies.

Se usan los pies
para montar.

Se usan los pies
para patear.

9

Se usan los pies
para patinar.

Los pies se mueven
rápidamente.

Se usan los pies para
ir de excursiones.

15

Se usan los pies
para correr.

Se usan los pies para montar a bicicleta.

19

¡Usas los pies
para divertirte!

21

Los pies.

23

Lista de palabras (18 palabras)

a	ir	patinar
bicicleta	los	pies
correr	montar	rápidamente
de	mueven	se
divertirte	para	usan
excursiones	patear	usas

Sobre la autora

Dana Meachen Rau ha escrito muchísimos libros para los niños, incluyendo obras de ficción histórica, libros de cuentos, biografías y libros para lectores principiantes. También escribió los siguientes libros de la serie Rookie Reader: *A Box Can Be Many Things (Una caja puede servir para muchas cosas), Purple Is Best (El color púrpura es lo mejor), Circle City (La ciudad de círculos)* y *Bob's Vacation (Las vacaciones de Beto)*. También ilustró este último. Dana trabaja como redactora de libros para niños y vive con su marido Chris y su hijo Charlie en Farmington, Connecticut.

Sobre el ilustrador

Rick Stromoski ha ganado premios por sus ilustraciones humorísticas que se han visto en revistas, periódicos, libros para niños, anuncios comerciales y programas de televisión. Vive en Suffield, Connecticut, con su esposa Danna y su hija Molly, de cinco años.